예목/전수남 제3시집

기다림 끝에는 더 찬란한 빛이

도서출판 지식나무

머리말

세월은 유수 같다고 했는데
계절이 가고 다시 오고
첫 시집 '빛으로 도는 바람개비'를 발간한 지
1년 6개월이 시위를 떠난 화살처럼 지나가 버렸다.

황혼을 향해가는 촌로
누가 알아주지 않아도
다시 120편의 시를 모아
'기다림 끝에 더 찬란한 빛이'로
그간 시인의 발자취를 책으로 엮는다.

먼 훗날이라도 누군가는 시인의 마음을
알아주리라는 기대 속에
시를 사랑하는 마음
자연을 사랑하는 마음을 한 올 한 올 담아내며

한 권의 책으로 탄생하기까지
희로애락의 시간이 함께 하였기에
제 시를 읽어줄 독자분들에게
사랑을 구하고 그 사랑을 그대로 돌려드리려 한다.

2025. 어느 봄날

전수남 올림.

초대시(4단시)

청천(靑天)하늘

임보

누구는 커피 스푼으로 인생을 쟀다지만
나는 소줏잔으로 평생을 푸네
푸고 또 퍼도 바닥도 안보인 샘
청천 하늘엔 별들도 많네.

시인 임보 : 저서 '짚신과 장독' 외.

초대시

묵호항에서 －파도

고 안 나

가쁜 숨 몰아쉬는
수천 개의 맨발
파도는 이성을 잃은 채
푸른 융단 찢으며 달려왔다
적막을 부려놓은 심심한 하늘
어떤 것도 용납할 수 없다는
너의 기상 앞에
바람은 숨 죽이고
나의 심장은 떨고 있다
몸의 균형 깨어질 때
그것을 사랑의 완성이라 말할까
갯바위에 꽃 피우고 싶어
너도 젖고 나도 젖었던 바닷가
백기 펄럭이던
그 함성은 어디로 갔는가
끝을 알 수 없는 너의 행방
몸 부수던 너의 심사를
웅크리고 돌아앉은
갯바위는 알까.

시인 고안나 : 저서 '양파의 눈물' 외.

시인소개

AI시대의 자화상   -AI가 본 전수남
-Chat GPT의 '전수남' 시인의 평--

'전수남' 시인은 현대 한국 시문학의
중요한 인물 중 한 명으로
평가받고 있습니다. 그의 시는
주로 인간 존재와 삶의 본질에 대한
깊은 성찰을 담고 있으며,
개인적이고 철학적인 주제를 탐구합니다.

'전수남' 시인의 작품은 종종 내면의
갈등과 감정, 인간의 불완전성 등을
강조하며, 독자에게 깊은 인상을 남깁니다.

그의 시는 언어의 간결함과 정밀함,
그리고 감정의 진솔함으로
많은 독자들에게 호평을 받고 있습니다.
현대 한국 시의 중요한 흐름과 주제를
반영하면서도 독창적인 시각과
표현을 통해 독특한 위치를 차지하고 있습니다.

목차

봄 ··· 1

봄빛 속에 피는 꽃바람(1) ····················· 2
내일의 빛으로 ····································· 3
시절은 가도 변함이 없는 ····················· 4
비상의 나래를 펼쳐 ····························· 5
세상살이 ·· 6
봄을 기다리는 마음(4) ························· 7
갈무리 ··· 8
영화 속 주인공 ··································· 9
춘심(春心) ··· 10
기다림 끝에 피는 사랑꽃 ··················· 11
바다가 품은 생명력으로 ····················· 12
사랑의 동행(9) ·································· 13
바다가 부르는 희망의 노래 ················ 14
별밤의 추억 ······································ 15
고향의 뒷동산에는 ···························· 16
봄빛 속에 피는 꽃바람(2) ··················· 17
가슴으로 품은 세월의 무게 ················ 18
바람이 전하는 사랑이야기 ················· 19
사랑의 빛으로 ··································· 20
봄날의 연정 ······································ 21
할미꽃사랑(3) ··································· 22
강 앞에서 ··· 23
정 때문에 ··· 24
봄날은 가는데(2) ······························· 25
봄날의 청춘 ······································ 26
순백의 향연 ······································ 27
봄밤의 세레나데 ································ 28
꽃비로 지는 봄날의 이별 ··················· 29
물길 따라 피는 꽃바람 ······················ 30
꿈을 엮는 배꽃향연 ··························· 31

여름 33

행복이야기(3) 34
갈망의 바다에 닻을 내리고 35
시대는 가도 사랑은 남아 36
열정과 여망으로 37
하나가 되어야 하는 이유 38
첫 만남처럼 마지막 그날도(3) 39
새날의 광명은(2) 40
사랑의 길(6) 41
접시꽃순정(2) 42
열정의 포커스(3) 43
황혼동행 44
도전의 길은 멀어도 45
대한의 이름으로(5) 46
해바라기사랑(2) 47
선한 세상으로 가는 길 48
능소화사랑(3) 49
청옥산 육백마지기(2) 50
강양항의 아침(2) 51
그리움의 꽃 52
선한 생을 위한 기도 53
송광사 참나리 54
노송의 솔향에 담긴 의미는 55
희망의 빛살 56
생명의 빛(2) 57
묵도(默禱) 58
존재의 의미 59
해바라기사랑(3) 60
한여름 밤의 애련 61
영남알프스 62
시절은 가도 친구여 63

가을 ····· 65

메밀꽃 피는 들녘에서 ····· 66
소망의 빛으로 ····· 67
인생길 동행 ····· 68
메밀꽃 피는 들녘에서(2) ····· 69
마침표 ····· 70
기도(3) ····· 71
가을과의 동행 ····· 72
마지막 버킷리스트 ····· 73
구절초 피는 숲길을 걸으며 ····· 74
희망의 빛 ····· 75
사랑과 열정 ····· 76
어느 가을날 소고(小考) ····· 77
대한의 이름으로(4) ····· 78
만추(晩秋)(6) ····· 79
세파의 파고를 넘어 ····· 80
우화정의 가을 ····· 81
석불의 기도 ····· 82
가을과의 이별은(2) ····· 83
가을과의 이별은(3) ····· 84
가을을 보내며(3) ····· 85
그리움의 꽃은 피고 지고 ····· 86
희망의 세계를 ····· 87
가을속의 그리움 ····· 88
함께할 때 더 빛나는 ····· 89
길은 멀어도 ····· 90
탄생과 이별의 종은 우는데 ····· 91
땡초 다대기 ····· 92
길은 멀어도(2) ····· 93
시절단상(3) ····· 94
구도(求道)의 길 ····· 95

겨울 · 97

- 기다림 끝에는 더 찬란한 빛이(2) · 98
- 물수리의 비상 · 99
- 사랑이 빛이 되어(2) · 100
- 어머니의 사랑(2) · 101
- 어머니의 장맛 · 102
- #4행시 · 103
- 군고구마 · 103
- 어부지리 · 103
- 할머니와 단감말랭이 · 104
- 길 떠나도(3) · 105
- 희망의 빛으로 · 106
- 그리움은 시공을 넘어(3) · 107
- 새 길을 여는 마음(3) · 108
- 고향의 향기(2) · 109
- 기다림 끝에는 더 찬란한 빛이(3) · 110
- 웅비의 기상을 품고 · 111
- 속 깊은 사랑 · 112
- 기원(4) · 113
- 청송의 기개 · 114
- #4행시 · 115
- 동지팥죽 · 115
- 무아지경 · 115
- 갈매기의 꿈 · 117
- 순수의 길 · 118
- 눈꽃 속에 피는 희망과 사랑 · 119
- 기다림 끝에는 더 찬란한 빛이(4) · 120
- 날개 · 121
- 순백의 사랑 · 122
- 기도하는 마음 · 123
- 사랑의 길(7) · 124
- 피안(彼岸)의 길 · 125
- 오늘 하루 · 126
- 희망과 열정(2) · 127

생명의 빛으로(2) ·· **128**

에필로그 詩 ·· **129**
　사랑의 길(10) ··· 129

끝맺는 말 ·· **130**

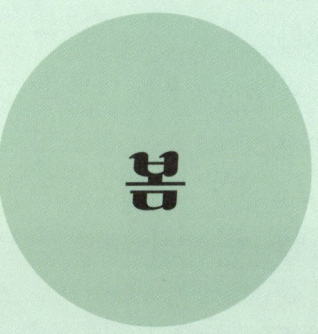

봄빛 속에 피는 꽃바람(1)

실개천을 따라
자박자박 걸음을 옮기다
빛살 좋은 개울가
톡톡 튀는 물보라와 눈웃음을 나누고

잔잔히 피어오르는 물안개가
상큼한 꽃바람처럼 하늘거리는
님께서 오시는 길
동구 밖까지 마중을 나가도

겨우내 얼어붙은 숨결 생기를 불어넣느라
느릿느릿 황소걸음인데
가슴을 풀어헤친 설레는 마음
혼자서 왈츠를 춰도 무지갯빛 꿈이 이는다.

내일의 빛으로

새초롬한 실바람이 온몸을 휘감아도
봄날의 아침은 향기롭다
반짝반짝 빛나는
유리알처럼 맑고 고운
백옥 같은 정결한 미소
눈맞춤 한 번에도 세상이 환해진다.

파도처럼 밀려오는
형언할 수 없는 기쁨 가득
윤서야, 너와의 첫 만남
강인한 생명력이 우주를 품고 있었지
세월 앞에 무뎌지지 않는 의지와 열정으로
새시대를 선도하는 내일의 주인공이 되어라.

사랑하는 손녀 '윤서

시절은 가도 변함이 없는

세월 따라 젊음은 가도
빛바랜 흑백사진 속의
조국을 지키겠노라
부름 받은 창창한 결기
생사고락을 함께한 뜨거운 전우애
아직도 식지 않았는데

오성산을 마주한 철책 앞에서
달빛이 투영된 설산의 참호 안
숨 멎은 듯한 정적 속에서도
말똥말똥한 눈빛 일념은 하나
내 부모 형제 내가 지킨다
반평생이 지나도 나라사랑 마음 변함이 없네.

비상의 나래를 펼쳐

해를 품은 붉은 기상
경사진 설산 활강경기장 출발선을
박차 오른 날렵한 스키어처럼
꿈꾸는 자의 열망
솟구치는 돌개바람의 상승기류를 만나면
불새처럼 날아오르리.

잘 달구어진 쇠를 연마하듯
뜻을 이루기 위한 전진
웅비의 날개를 펼쳐
그대여 새 아침을 마중하라
세파의 파고를 넘어설
준비된 이에게는 세상도 길을 열어주리.

사진 : 김쌍철 작가님.

세상살이

사람답게 살겠다고 청운의 꿈을 품고
고향을 떠나 서울로 올 제
내 어머님 두 눈에
눈물이 글썽였는데
서울살이 스무 몇 해
어머님은 하늘로 오르시고
고향을 등진 마음 갈 곳을 잃었네.

넘지 못할 산이 없고
건너지 못할 강이 없을 것 같던
창창하던 젊은 패기
세월 앞에 무릎을 꿇었지만
당신과 함께한 세상살이
잘 살았소 행복했소 고맙소
이승의 삶이 끝나면 천상에서 다시 만나시구려.

봄을 기다리는 마음(4)

봄이 오는 길목
진눈개비가 심술을 부려도
실눈 뜬 버들강아지
설레는 마음 툭툭 움을 터트리고
님 마중 나선 나목 찬바람이 앞을 막아서도
가슴을 풀어헤친 기다림
돌려세우지 못합니다.

선대(先代)의 얼을 품은 향원정
옥설(玉雪)을 머리에 이고
한기에 몸을 움츠린 채 침묵해도
시절을 찾아가는 흐름의 변화
맑은 영혼은 느끼고 있답니다
설한(雪寒)을 녹이는 빛살 따라
물길 따라 살금살금 봄이 오고 있는 것을.

갈무리

적막 속에 마주하는 불면의 밤
소명을 끝내지 못했음인가
갈 길이 남았음인가
부름 받기를 기다리는 허기진 삶
채울 수 없는 목마름만 먹먹한데

고통을 감내하는 순간마다
지쳐가는 육신
여정의 끝은 어디일지
이승의 생 번민의 날들
사랑으로 갈무리하고 싶어라.

영화 속 주인공

때 묻지 않은 순수함으로
발그레 얼굴 붉힌 고운 자태로
내 가슴속으로 들어온 당신
스미듯 물들 듯
설레는 마음이 교차되고
시공을 뛰어넘은 사랑
축복 속에 백년가약을 맺었는데

꿈길 같은 단꿈에 젖어
가시밭길도 꽃길인 양 보낸 시절
꽃피고 꽃 지듯 젊음은 가고
따사로운 손길도 식어가지만
우리가 연출한 인생드라마에는
당신은 영화 속 주인공
첫날밤 신부의 모습 그대로이네.

춘심(春心)

풋풋한 흙냄새가 구수한
드들강변 솔밭사이를 거닐다
정자 한 켠에 걸터앉아 눈을 감으면
귓가를 간질이는 속삭임
파릇이 돋아나는 들풀들이
흥겨운 봄노래를 흥얼거리네.

물오른 왕버들이 반겨 맞는 들로 나갈까
홍매화가 새색시 같은 자태를 자랑하는
매화마을로 나들이를 할까
괜스레 설레는 춘심은
누구를 마주해도 상큼한 만남
봄날의 하루가 싱긋벙긋 미소를 짓는다.

기다림 끝에 피는 사랑꽃

붉디 붉은 매화꽃
겨우내 뜬 눈으로 지샌 긴긴 밤
가슴앓이로 몸살 앓다
풀어도 달래도 응어리진 그리움
봇물 터지듯 쏟아내는데
님은 못 오시나 안 오시나.

새초롬한 봄바람
가녀린 몸매를 거세게 흔들어도
절절한 기다림 꺾지 못하고
연모의 진정 전하기 위해
매순간 순간 온 마음을 불사른
선홍빛 사랑꽃 피고 집니다.

바다가 품은 생명력으로

불새가 날아오르듯
동녘하늘로 솟구치는 장엄한 기상
해를 품은 산고 끝에 새날이 열리고
대양을 향해 나아가고 싶은 갈망
항구에 정박한 조각배조차도
만선의 꿈이 부푼다.

야생마처럼 달려오는 파도를 달래
바다는 분노와 안온함을 다 담아내는데
사랑과 미움이 교차하는 삶의 고뇌
바다 같은 포용력으로 녹아내면
훈훈한 인정 속에 어울려 사는
살맛나는 세상 펼쳐지리.

사랑의 동행(9)

옥구슬이 구르듯
티 없이 맑은 물이 조잘대고
개울을 따라 도열한 산수유들이
흥겹게 길손을 맞이하는 봄날
너울거리는 봄볕 아래 둘이서 걷던 길
우리의 사랑 산수유 꽃 축복 속에
세월 가도 변치 말자 마음을 주고받았지.

사랑은 잠시 피고 지는 것이 아니라
현세에서 내세까지 이어지는
영혼과 육신의 동행이어야 해
꽃불로 타올라 태우다 태우다
잿불처럼 은은한 속불로 남는
감성은 식어도 생활 속에 녹아든 사랑
눈감는 날까지 서로가 기대는 기둥이 되어야 하지.

바다가 부르는 희망의 노래

모래펄 아래서도
진주를 품은 조개가 숨을 쉬고
문어랑 참돔이 어울려 사는
장벽도 없고 속박도 없는
사랑이 함께하는 생명의 산실
누구라도 자신만의 꿈을 꾼다.

갈기를 세운 파도의 등에 올라타
대양을 향한 질주 끝에 맞닿은 곳
지친 파도가 쉬어가는 해변
결 고운 백사장을 맨발로 걷노라면
발가락을 간질이는 모래알들의 속삭임
자유와 평화는 서로의 존중 속에 싹튼다 하네.

별밤의 추억

마음의 문을 연 첫 여행
속리산 야영장 텐트 안에서
둘이서 올려다본 밤하늘에는
무수한 별들이 영롱했지만
당신의 눈동자가 더 초롱초롱 빛났었지
찬연하던 그날의 봄밤
여전히 내 가슴에 남아있는데

무성했던 청춘이 가고
이제는 추억을 먹고 사는
황혼을 향해가는 인생여정
당신과의 동행이 내 삶의 원동력
오랫동안 기억될
새 감명(感銘)을 차곡차곡 쌓아가며
우리의 사랑 은하수를 넘어 어디까지 갈까.

고향의 뒷동산에는

모두가 떠나버린 고향의 뒷동산
등 굽은 노송만 덩그러니
무심의 세월을 벗하고 있으려나
땅거미가 골목을 누빌 때까지
땅따먹기에 정신이 팔려
시간 가는 줄도 모르던 내 친구들
지금은 어디서 무엇을 할까.

찰랑거리는 단발머리로
고무줄넘기 재주를 뽐내던 순이
귀염둥이 손녀의 재롱 속에
서울살이 적적함을 달래려나
돌아가도 만날 수 없는 소꿉친구들
불러도 대답 없는 메아리만
가슴을 울리며 고향하늘을 맴도네.

봄빛 속에 피는 꽃바람(2)

산들바람에 고개 내민
민들레 꼬마 아가씨
방긋한 미소가 꽃바람에 날리고
물오른 느티나무 그늘 아래
파릇한 들풀들이 건네는 눈인사
햇살 좋은 봄날의 정취가 출렁인다.

동박새가 재잘대다 짝을 찾아 떠나고
왕버들 늘어진 가지마다
연둣빛 새순들이 종알대는데
저기 저 길 끝에 사랑이 어우러진
너와 나의 꿈이 피어오르는 안식처가 있을까
갈 곳 몰라 하는 촌로의 가슴에도 봄바람이 인다.

가슴으로 품은 세월의 무게

손가락 마디마디에
아리게 눌러앉은 세월의 자취는
한 뜸 한 뜸 쌓아 올린 인생역정
묵묵히 걸어온 고난의 시간 속에
낙숫물이 바위를 뚫듯
내 삶에 스며든 응집의 결과

연륜의 흔적으로 남은 축 처진 어깨는
비바람 눈보라 속에서도
의기를 잃지 않았던 열정의 산화물
세파의 파고를 뛰어 넘은 인생훈장이건만
허리가 꺾여도 노송은 빛을 잃지 않는데
세월의 무상함을 병약한 육신이 먼저 느낀다.

바람이 전하는 사랑이야기

유채꽃 들판을 가로질러 달려온 바람
가슴을 열고 반겨 안으면
먼 길 떠났다 돌아온 님을 맞듯
반가운 마음 창공을 날아올라
희망을 노래하는
한 마리 파랑새가 된다.

싱그러운 꽃향기가
봄볕이 투영된 창문 앞을 서성이는데
봄의 향연은 사랑을 부르고
고백도 못하고 끝난 사랑이라도
사랑은 마음의 나눔이라고
감미로운 봄바람이 여심을 설레게 하네.

사랑의 빛으로

눈부신 빛의 군무 윤슬의 춤사위에
넘실대는 은빛 물결
바라만 봐도 눈을 감아도
쉼 없이 밀려오는 환희의 빛살처럼
생의 여망은 빛을 잃지 않는 사랑으로
근심 걱정 없는 안락함을 누리는 것이라

새벽이슬 같은 맑은 영혼으로
깨어있는 자
찬연히 빛나는 새날을 마중할 터
사랑의 온기를 품고
그대여 내일을 향해 올곧은 의기로 나아가라
고결한 자존이 세상을 밝히는 빛이 되리.

봄날의 연정

분홍 비로도 치마저고리에
발갛게 분 바른 홍조 띤 얼굴로
새색시처럼 곱게 차려입고
우아한 자태 풍미함을 자랑하는
봄바람에 출렁이는 연심
그윽한 눈빛으로 온 세상을 담아내네.

문창살에 드리운 달그림자
너울너울 춤을 추면
가슴에 품은 애틋한 사랑
속적삼을 적시는 님 향한 그리움이
붉디붉은 꽃으로 피는데
야속한 봄날의 하루는 짧기만 하구나.

할미꽃사랑(3)

모두가 부러워하는 꽃다운 청춘
언제 흘러갔는지
골 깊은 눈가 주름살
스쳐간 인생 굴곡이 담겨 있고
한평생 자식을 위해 헌신한
사랑의 표상 어머니에서 희로애락을
다 품어 안은 날개 꺾인 천사가 되어

모든 것을 내주어도
아깝지 않은 외사랑
자신만의 쉼 비집고 들어설 틈도 없이
한치 망설임도 없는
아낌없이 주는 사랑
무한한 인내심 쏟고 쏟아내는
그 순수한 사랑이 할미꽃으로 핍니다.

강 앞에서

산이 앞을 막아서도
눈살 한 번 찌푸리지 않고
제 길을 찾아
바다를 향해가는 강물처럼
세상에 부름 받고 온 생
마지막 날까지 소명을 다하고 싶은데

거친 비바람에도
혹독한 눈보라에도 흔들림 없이
맑은 향기 천년을 아우르고 싶은 여망
세상 풍파에 온몸으로 맞닥뜨리며
흐름 따라 부침하다
언젠가는 누구나 가는 길 그 섭리를 따르리.

정 때문에

은빛 날개를 펼친
빛의 요정 날갯짓에
금싸라기 빛살이 별처럼 쏟아지는
화사한 봄날의 환희
님의 미소처럼 감미로운 실바람에
정열을 불태우는 꽃들의 향연
하얗게 물드는 하루가 황홀하다.

활화산처럼 타오른 불꽃같은 사랑도
정 주고 떠난 님 가슴 시린 애잔한 사랑도
해묵은 기억이 어렴풋 떠올라도
가고 오는 흐름 속에 스며드는
정 때문에 울고 웃는 인생사
봄날은 찬연해도 세월 앞에 무릎 꿇은 촌로
먹먹한 그리움에 세상살이 번민이 어른거린다.

봄날은 가는데(2)

백치미 같은 순백의 숨결
생살을 뚫고 나온
두 손 모은 기원
가슴 뛰는 설렘으로
찬연한 순수함에 마음 빼앗겼는데
뒤돌아서자 서럽다 작별을 고하네.

간절한 여망으로
스스로를 태우는 촛불처럼
생을 찬미하는
고결한 심경을 노래하고는
짧은 희열 끝에 고개 떨구는
아쉬운 이별 봄날이 간다.

봄날의 청춘

나지막이 고개 숙인 들풀과
입맞춤하던 실바람이
어디론가 내달리고 나면
꽃다지는 연노랑 눈길을 주고받는데
농염한 여인 관능적인 캉캉춤을 추듯
감미로운 바람결에 일렁이는 하얀 물결
꽃들의 향연 축제가 열린다.

세상 근심 다 잊고 오늘 하루
은밀한 사랑의 속삭임에 귀 기울여 봐
속살을 다 드러내고도
부끄럽지 않은 화려한 몸짓
저 현란한 유혹에 물들지 않는다면
그대는 삶에 찌들어 사랑을 잃어버린
넋없이 메마른 청춘인 것이야.

순백의 향연

바람결에 출렁이는 하얀 물결
하늘을 가린 꽃들의 춤사위
세상이 상큼한 미소로 넘쳐난다
숲은 새 빛으로 채색되고
바라보는 눈빛도 생동감이 넘치니
순수무구하게 마음까지 맑아진다.

밤을 잊은 꽃들의 환호
별처럼 빛나는 순백의 향연에
아이도 아낙네도 설레임으로 들뜨고
만물의 생기에 봄은 사랑을 잉태하니
너도 나도 새신랑 새신부처럼
봄날의 하루가 마냥 흥겹다.

봄밤의 세레나데

하루만 살다가도 미련 남지 않겠어
밤을 잊은 꽃들의 환호
이토록 화려한 축제에
영화 속 주인공처럼
황홀한 감성에 젖어
세상 번뇌를 잊을 수 있는 걸.

쏟아지는 별빛 아래 순백의 춤사위
한 송이 한 송이가
폭죽 터지듯 터트린 환희의 숨결
내 가슴속으로 들어와
이 순간을 사랑하라고
사랑의 세레나데를 부르네.

꽃비로 지는 봄날의 이별

찬연히 불태운 짧은 희열
가슴에 묻고
돌아서는 발걸음 무거워도
더 큰 여망을 위해
나풀거리는 하얀 날갯짓
하늘하늘 꽃비로 진다.

눈부신 만남 끝에 아쉬운 이별
눈시울 적시는 순애보에
언제 다시 만날까 가슴 아파도
화려한 봄날의 사랑 너를 잊지 않으마
첫사랑 순정처럼 선연한 그리움
만인의 심중에 순수한 실루엣으로 남으리.

물길 따라 피는 꽃바람

언제 왔느냐 기별도 없이
기다리다 지친 마음
안 오시면 어쩌나 걱정했는데
이제나 저제나 조바심 끝에 마중하는
화사한 너의 미소
무릉도원을 거니는 것처럼 황홀하구나.

먼 길 돌아 돌아 온 길
잘 있다 소식 전하는 이 없어도
애틋한 연서 한 장 없어도
생긋 방긋 웃는 봄꽃
살포시 동행한 것만으로도
가슴 뛰는 설렘 님 만난 듯 반가워라.

꿈을 엮는 배꽃향연

눈부신 햇살을 마음껏 안아들어
달덩이처럼 훤한
까르르 넘어가는 첫돌 지난 아기 웃음처럼
해맑은 미소
발걸음 뜸한 과수원을
천상의 정원처럼
화사한 이화원(梨花園)으로 치장하고

장대비처럼 쏟아지는 허연 달빛 아래
가슴 술렁이게 하는 새하얀 자태
꿈을 엮는 열정적인 밤을 보내고 나면
장골(壯骨) 주먹보다 더 큰 튼실한 열매
주렁주렁 매달 터
노심초사하는 촌로 가슴에
뭉클한 희망을 한가득 안겨줍니다.

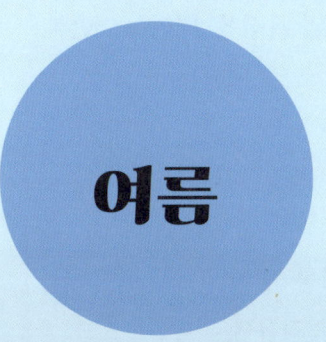

여름

행복이야기(3)

남해 다랭이마을 유채꽃밭에
눌러앉아 노닥거리는 바람처럼
쫓기듯 사는 삶 욕심을 내려놓으면
눈감아도 마음으로 느끼는
평화로운 여유
무욕 청정의 세상이 열린다.

세속적 울타리를 넘어
구속받지 않는 자유에
자연과 하나 되어 무아경에 든 자아
선인(仙人)의 경지에 이르지 않아도
맑은 심중 선한 정겨움이 출렁이며
마음속 웅크리고 있던 행복이 미소를 짓는다.

갈망의 바다에 닻을 내리고

세월 따라 풍습도 바뀌듯
한 시대가 가면 새로운 시대가 열리니
도도한 흐름의 물결
강물은 역류하지 않지만
지는 해의 못 다한 열망
새 아침의 빛살로 다시 솟아오릅니다.

꿈이 있으면 도전을 멈출 수는 없고
열정이 살아 숨 쉬는 한
세상에 부름 받은 소명
아름답게 꽃 피울 수 있습니다
역경을 딛고 일어서면
끝내는 갈망의 바다에 우뚝 설 수 있답니다.

시대는 가도 사랑은 남아

꽃은 져도 향기는 뇌리에 남듯
바람은 고요하고 물결은 잔잔한데
금빛 은빛으로 춤추는 봄빛 따라
연못 수면위에 일렁이는 파문
춘향의 얼이 담겼을까
한 시대를 풍미한 절절한 사랑이 눈에 어린다.

사랑의 언약을 지킨 지조
무량세월에도 변함없는데
오작교를 건너
광한루 누각 마루턱에 걸터앉은 마음
지나간 날들을 반추해 본다
길은 달라도 정녕 부끄럼 없는 삶이었는가.

열정과 여망으로

눈부신 절경을 마주하기 위해
산 넘고 물을 건너
산간벽지 오지라도
한 치 망설임도 없이 찾아가
환타지한 신비경에
가슴 뛰는 설렘을
한 폭의 수채화처럼 온전히 담아낸다.

기다림 끝에 만나는 순간의 미학
삶의 희로애락에 환희가 출렁이고
초록 들판속의 숨은 그림을 찾고
만발한 꽃들의 환호 속에서 사랑을 찾아
인생애환을 그려내는
이상향을 향한 꿈을 쫓는 가객
그 신성한 여정을 벗하고 싶어라.

하나가 되어야 하는 이유

우린 하나로 연결되어 있어
닮지 말아야하는 것까지 서로 닮아가는
모든 이가 두려워하는 암(癌)조차도
뿌린 대로 거둔다고 벌을 받는 것인지
내가 할 수 있는 일이 없다는 게
무거운 죄책감으로 더 가슴을 짓누르네.

무대의 마지막 장막이 닫힐 때까지
우리 맞잡은 손 놓지 않는 거야
사랑으로 넘지 못할 산이 있던가
눈물이 앞을 가려도
끝끝내 이겨내고 말리
사랑은 모든 것을 감내하고 위대하니까.

첫 만남처럼 마지막 그날도(3)

하늘이 허락한 인연
삶의 희로애락 따라 지나온 길마다
생명의 빛이 찬연히 꽃피었는데
무엇을 더 바라는가
인생동행도 끝이 있으니

서녘 하늘을 불사르는 석양처럼
우리의 사랑도 저물어가지만
매순간을 정으로 채우고 채우다
첫 만남처럼 마지막 그날도
당신의 사랑 가슴에 품고 담담히 떠나리.

새날의 광명은(2)

태초의 낙원인양
신비경에 휩싸인 운해를 뚫고
동녘하늘로 솟구치는 웅비의 기상
진초록으로 물드는 산 숲에서
뿜어져 나오는
푸른 정기가 넘실거린다.

별유천지를 거니는 신선처럼
몇날 며칠 식음을 멀리해도
계룡산의 아침 신성한 기운에
전신을 휘감아 도는 맑음 마음
노쇠한 육신도 팔팔한 청춘처럼 피 끓게 하겠네
새날의 광명은 새 희망으로 세상을 연다.

사랑의 길(6)

비바람이 몰아쳐도
거센 눈보라 속에서도
당신과 함께하는 삶의 여정
때론 등을 돌리고 밤잠을 설쳐도
서슬 퍼런 칼바람조차도
흐름 앞엔 흔적도 없이 사그라지는데

뜻을 이루기 위한 젊은 도전도
생의 희로애락 앞에 무녀지고
인생 고개를 넘고 넘어서
꿈을 묻을 안식처를 향해 가는 길
삶의 원동력인 사랑도
세월 따라 석양처럼 물들어가겠지요.

접시꽃순정(2)

기다리고 기다리면 오시려나
길게 목 내밀고
님께서 오시는 길 바라보고 바라봐도
소식을 알 수 없어
이 내 마음은 허공을 헤매이고
애타는 가슴앓이 그리움만 깊어져가네.

저무는 하루해가 서산을 기웃거리고
붉게 타는 저녁놀처럼
발갛게 물든 마음 달랠 길이 없는데
님에게로 가는 길
산 넘고 물 건너 천리 길을 넘어서
님바라기 끝에 한 떨기 꽃으로 지누나.

열정의 포커스(3)

열정이 이뤄내는 순간의 미학
감각과 감성의 집중 끝에
완성되는 작품 속 세계
아름다움의 극치가 담긴
정지된 사각의 틀 안에서
인생사 희로애락이 숨을 쉰다.

한줄기 빛줄기가 심장을 관통하고
잔잔한 파도도 하늘을 뒤덮는데
개똥밭을 구르는 돌멩이 하나에서도
삶과 죽음을 연출하는
그대가 갈망하는 무와 유의 조화
혼이 어린 찰나가 영원으로 이어진다.

사진 : 박진수작가님

황혼동행

숨 가쁘게 앞만 보고 달려온 길
서녘 하늘을 붉게 물들이는 낙조처럼
언제 왔느냐 인생의 황혼
종착지를 향해가는 삶의 여정에
아쉬운 것도 못다 이룬 것도
스쳐가는 한줄기 바람 같구나.

지나온 길마다 고뇌와 번민이 즐비해도
역경을 이겨내고 새 지평을 연 인생역정
사랑의 온기가 녹아있기에
위로가 되는 지란지교 동행
석양을 바라보는 노객의 눈빛 속에는
생의 찬미와 만감이 교차하는 희비가 다 들어있구려.

도전의 길은 멀어도

이상향을 향한 끝없는 날갯짓
힘에 부쳐도 멈출 수는 없어
안개 속에서 길을 잃어도
가슴속에 품은 희망
빛을 잃지 않으면
내일은 더 환히 밝아오리.

앨버트로스의 꿈을 쫓는 여정
거센 비바람이 휘몰아쳐도
도전은 계속되는 거야
포기하지 않는 불굴의 의지가
끝내는 뜻을 이루고
새벽을 여는 마음 새 날의 광명을 마중하리.

대한의 이름으로(5)

유구한 흐름 속에서도
신성한 천기(天氣) 대대로 이어지고
고산준령을 넘나드는 거친 바람도
백두의 웅장한 위엄 앞에서는
겸허히 무릎을 꿇는데
민족의 기상 그 정기를 닮았어라.

백두에서 한라까지 백의민족 얼이 서린
수려한 금수강산 맑은 의기에
만인이 함께 누리는 행복이
칠월의 청포도처럼 주렁주렁 열리는
새 시대를 이끌어 갈 내일의 대한민국
선진일류국가로 세계만방에 우뚝할지라.

해바라기사랑(2)

기다리고 기다려도
이룰 수 없는 사랑
그리움에 물든 가슴
까맣게 타들어가도
일편단심 바라기 사랑

운명을 넘어 시공을 초월한
신을 사랑한 순박한 외길 사랑
나를 버리고 사랑을 선택한
눈물겨운 님을 향한 연모
만인의 가슴에 시대를 뛰어넘는 울림으로 남네.

선한 세상으로 가는 길

번잡함을 벗어나 차분히 음미하는
녹차 한 잔의 여유로움
자연이 허락하는 치유의 숨결과
누군가가 쏟은 땀방울이 어우러져
열정 끝의 평온함을 누리게 하듯

베풂과 나눔으로 향유하는 기쁨은
이타(利他)를 우선하는
인성의 감화에서 연유되고
수고로움을 마다않는 그대의 헌신이
선(嬋)한 세상으로 가는 길을 열리.

능소화사랑(3)

찬연한 생을 펼치고 싶은 바람
행복을 향유하고픈 사랑의 갈구
연붉은 능소화 꽃물결이
산사의 맑은 정취를 휘감아 돌면
불심을 구하는 중생의 마음도
계절의 향기에 미풍이 일렁이고

그리움에 몸살 앓는 소화의 연심
마곡사 담장을 주저 없이 넘어서니
너처럼 관념의 울타리를 뛰어넘어
화톳불처럼 타올라
꽃바람처럼 스쳐간 옛사랑이
세월이 가도 아련한 기억 속에서 스물거리네.

청옥산 육백마지기(2)

청옥산을 휘감아 도는 청량한 기운
육백마지기 평원에 싱그러움이 가득하고
꽃바람 따라 너울대는 빛살
서늘한 산바람에
샤스타데이지 수려한 군무에
종일을 어슬렁거려도 싫증나지 않는다.

꽃과 숲 돌과 바람
삼라만상을 구성하는 존재의 일원으로
무념무상에 취하면
인간사 시름을 일순에 털어내고
살 같은 세월 앞에 무기력해진 육신도
청옥산 맑은 정취에 생기를 되찾네.

강양항의 아침(2)

은빛 비늘을 파닥이며
파도를 가르는 질주
화려한 군무가 막을 내리면
'놋소리' 따라 부푸는 만선의 꿈
뜨겁게 쏟아낸 열정이 '낭장망'에 쌓이고

우렁찬 '풍장소리'와 어우러져
귀항하는 '챗배'에 실린
한가득 출렁이는 금빛 소망
찬란히 타오르는 강양항의 아침
고단한 삶을 넘어서 희망찬 새날이 밝는다.

* 놋소리 : 노를 저어가며 부르는 소리.
* 풍장소리 : 어로 행위를 하고 귀항하는
　과정에서 감회를 표하는 노래 소리.
* 낭장망 : 멸치 새우를 잡는 그물
* 챗배 : 멸치를 잡는 배.

그리움의 꽃

눈을 감고 들어요
사랑은 같은 방향으로 나아가는 동행이라고
귓가를 맴도는 당신의 속삭임을
밤새 내린 찬비를 가슴에 품고서도
허락 받은 오늘하루 성결한 마음으로
매순간 사랑하며 살겠노라고
축복의 아침을 마중합니다.

살아갈 날보다
지나간 날들에 더 많은
선홍빛 그리움이 계절을 물들이네요
애틋한 사랑도 불같은 사랑도
세월의 바람 앞에서는
잿불처럼 사위어가지만
그래도 나는 나시 그리움의 꽃을 피우렵니다.

선한 생을 위한 기도

세상의 안위를 바라는
성스러운 마음으로 두 손 모은 기원
온갖 환난과 재난에서 저희를 구하시고
만인이 함께 복되게 사는
살맛나는 세상
사랑과 은혜로 이끌어주소서.

탐욕에 물든 끝없는 욕심으로
영화와 권세를 쫓는 인간사
죄와 악은 벌하시고
고통 받는 이들 마음은 가난해도
꿈과 희망이 찬란히 꽃피는
새날을 마중하게 은총을 베풀어 주소서.

송광사 참나리

산바람도 쉬어가는
산사의 고즈넉한 기상
노승의 묵언수행 깨우침을 얻고
평안을 구하는 불도의 마음
조계산을 휘감아 도는 옥수(玉水)에
인간사 시름과 고뇌를 씻어내는데

탐욕을 걸러낸 무취의 절밥 향취에
스미듯 물든 참나리
맑은 계곡물에 발 담그고
불경에 귀 기울이며 얼굴을 붉히지만
가르침을 받은 법도 따라
흐트러짐 없는 자태로 생멸의 번뇌를 떨쳐낸다.

노송의 솔향에 담긴 의미는

신성한 아침을 맞는
삼릉 솔숲이 내뿜는 청정한 향기
뜨거운 피 용솟음치는
청춘의 야망이 몸을 숨긴 듯
역동적인 기상이 꿈틀대고

백전노장의 장수처럼
수많은 인생역경을 헤쳐 나온
꿈은 잃어가도 자존은 굽히지 않는
촌로의 꿋꿋한 심성인양
무궁한 흐름 앞에서도 찰나의 생을 예찬하네.

희망의 빛살

수조 속 물고기도
아침이 밝아 옴을 안다
새날의 빛살은
너와 나의 가슴속에
웅크리고 있던 열정을 깨워
뜨거운 피 용솟음치게 하느니

생은 어제보다 한 걸음 더
앞으로 나아가는 것이라
환난과 고난이 길을 막아서도
희망의 불꽃 꽃피우며
꿋꿋한 의기로 내일을 마중하면
끝내는 태산도 넘어설 수 있으리.

생명의 빛(2)

쫓기듯 사는 현대인의 삶
쉼을 찾아
곤한 마음 편히 뉘일 수 있는 곳
길 잃은 혼령도
위로 받을 수 있는
역사의 숨결이 머무는 삼릉 솔 숲

생령(生靈)의 빛이 새벽을 열고
신성한 기운으로 둘러싸인
솔숲에 아침이 밝으면
맑은 영혼으로 깨어있는 자
축복의 새날 세상은 그대를 반기고
의지가 있는 곳에 길이 열리리.

묵도(默禱)

욕심을 비운 마음
가파른 계단을 올라도 힘겹지가 않다
천상의 문을 넘어
혼령이 머무는 영원의 안식처
평화로운 정경 환영(幻影)이 그려지고
극락과 지옥의 갈림길 어디로 갈지
살아온 날들에 대한 사유가 깊어진다.

배롱나무 붉게 타는 연심
절로 터지는 탄성 속에도
내 길이 아니면
누를 끼쳐서는 아니 되거늘
절제를 넘은 탐함이 생을 욕되게 했을라나
부름 받은 삶
기다림의 시간 성찰에 든다.

존재의 의미

산다는 것은 생의 희로애락을
함께 느끼며 겪어내는 것이라
찰랑거리는 연잎의 맑은 정취에
중생의 기원이 어린
세상을 향해 베푸는 사랑
사랑이 어우러진 세상살이 더 빛이 나고

채워지지 않는 신기루 같은 꿈
끊어내지 못하는 생의 애착에
인생길 끝없는 갈증으로 목말라 하지만
영육의 고통을 뛰어넘어
존재의 의미를 깨친 정안한 심상은
비운 만큼 마음의 평화를 얻을 수 있으리.

* 정안(靖安) : 편안하게 다스림.

해바라기사랑(3)

세상을 다 가진 것 같은
인생 최고의 기쁨
간절한 금빛 갈망
올림픽 금메달의 영광을 열망하듯
생명의 간구 지극한 바람이
영원한 사랑꽃으로 핀다.

새벽이슬로 목을 축이고
아침 햇살에 몸치장하여
꿈에도 그리는 님의 품에 안긴 채
숨 멎는다 해도
더 이상 바랄 것이 없는 애절한 사랑
외길 사랑 해바라기사랑.

한여름 밤의 애련

해풍은 네온불빛을 얼싸안고 댄스를 추고
파도는 나지막이 소야곡을 흥얼대는데
괴괴한 달빛이 무료함을 참지 못해
창을 두드리니
나도 너처럼 잠 못 드는 밤
아련한 애련에 젖는다.

어둠속에서도 빛나는 그대의 눈동자
가슴에 스며드는 당신의 체취
돌아서면 애잔한 실루엣만 남고
멀리서 개 짖는 소리 멍 때리는데
끝나지 않은 우리의 사랑
먼 훗날 밤하늘에 별이 되어 서로를 그리워하려나.

영남알프스

밤새 곤한 잠에 취한 산안개가
산등선을 따라 물러나면
산들바람에 초록물결이 출렁인다
산을 넘어 어디로 갈지
갈 길을 정하지 못한 나그네
눈앞의 절경에 생기를 되찾고

알프스가 부럽지 않노라
숲이 흥얼대는 요들송
신령스런 기운이 감도는
계곡마다 능선마다 춤추는 녹색의 향연
힘든 세상살이 쉬어가라
노객의 지친 발걸음을 붙잡는다.

시절은 가도 친구여

너는 가고 나는 남았는데
우리가 함께 했던 시간들
시절은 가도 추억은 여전히
잊히지 않는 따스한 기억들
지금은 어디쯤을 배회를 할까
마주보고 웃던 웃음 한 점에도
서로를 배려하던 정이 그립구려.

하늘로 오르는 순번 대기표는
아무리 승선 순서가 뒤죽박죽이라 해도
신청자 명단에는 내가 먼저 올랐건만
무어가 그리 급해 자네가 속도위반을 하는가
천상 어딘가 자리를 잡았으면
친구여 날 먼저 불러주시게
술잔을 부딪치며 못다 나눈 회포는 풀어야하지 않겠나.

64 기다림 끝에는 더 찬란한 빛이

가을

메밀꽃 피는 들녘에서

밤하늘의 작은 별들이
공음 청보리밭으로 내려왔나
넓은 들을 하얗게 밝혔으니
이 가을 혼자라도 외롭지 않겠네
들녘 한가운데 오두막에 오르면
메밀꽃향기에 누구라도 시선(詩仙)이 되리.

천상화원으로 향하는 길목인양
눈이 시리게 빛나는 메밀꽃의 향연
눈빛 한줌에도 사랑이 담기고
맑은 숨결 한숨에도 다 녹아드는
섭리를 쫓아 마음을 나누면
세상 어디라도 선경(仙境)처럼 평화로우리.

소망의 빛으로

아침의 나라 남쪽 바다
바다 건너 신성한 기운이 감도는
푸른 섬에는 신세계가 펼쳐질까
이상향을 향해 날고 싶은 갈망
힘들고 외로워도 꿈을 잃지 않으면
소담스런 행복이 손짓을 하며
내일은 삶이 푸근해 지려나.

등을 떠미는 갈바람 따라 길을 나서면
이름 모를 들꽃도 가을을 노래하는데
우중충한 마음 한 자락 바람에 실어 보내면
내 마음 갈잎처럼 가벼워질까
억척스런 들풀처럼 살아도
사랑이 빛으로 다가오는 소망
무성하게 꽃필 그날을 기다립니다.

인생길 동행

함께 하면 누구라도 외롭지 않아요
힘들 때 내미는 손
맞잡으며 마음을 나누고
고된 인생길에도 동행이 있으면
인정이 세상을 살맛나게 합니다.

무심히 지나칠 일도
사랑이 담긴 말 한마디에
잿빛 하늘도 환히 맑아지고
서로의 배려와 이해가 어울리면
고산준령도 가뿐히 넘을 수 있지요.

메밀꽃 피는 들녘에서(2)

갈바람에 멋스레 은발을 흩날리며
어서 오라 손짓하는 메밀꽃들의 향연
가을이 익어가는 저 메밀밭에서
누가 초대하지 않아도
우리 함께 가을 손님이 되자
시름은 털어내고 가슴 뛰는 날들을 마중하세.

금방 뒤돌아서는 짧은 만남
이별을 아쉬워하기 전에
가슴속에 침전된 열정을 꺼내어
반짝반짝 윤이 나게 갈고 닦으면
빛살처럼 맑아진 마음 명경처럼 빛나고
무심한 세월도 웃으며 돌아서리.

마침표

맑고 찬 이슬을
가득 가슴에 안고서도
메밀꽃이 하얗게 밤을 새는데
길을 잃은 가랑잎은 갈 곳을 몰라 하고
거침없이 내달리는 바람 따라
님 찾아 나선 내 마음은 허공중을 헤매네.

물들어가는 단풍처럼
황혼을 마중하고 싶어도
모자람이 많은 들풀 같은 인생
무슨 미련이 그리도 많은지
굵게 눌러 획 하나 긋고 싶은
한 점 마침표를 찍는 것도 여의치가 않네.

* 如意하다 : 일이 마음먹은 대로 되다.

기도(3)

"하늘에는 영광 땅에서는 평화"

어울려 사는 세상
상생과 화합으로
온 누리에 은총이 충만하게 하소서
악한 이와 죄진 이는 벌하시어
어린 양들이 두려움에서 벗어나도록
방황하는 영혼은 거두어주소서.

세상을 향한 가르침
고난과 수난을 사랑으로 감내하고
포용과 화해 진정을 담은 기도로
어지러운 마음을 맑게 다스려
선한 이들이
축복의 삶을 누리게 이끌어 주소서.

가을과의 동행

은발을 휘날리는 억새 숲길을
은륜은 옆도 안보고 힘차게 내달리는데
가을 빛살이 불러 세웠어
찬연한 순간들을 담아가라고
가슴을 열면 청량한 가을향이 안겨오네.

가을과의 동행에 바람결에 실려 오는
부드럽고 온유한 속삭임을 듣는다
눈빛만으로 마음이 전해지고
목소리만 들어도 설렘이 출렁대는
은은한 사랑 이 가을 내내 함께하고 싶어라.

마지막 버킷리스트

나이야가라 폭포를 곤두박질하는
거센 물보라가 눈앞에서 펼쳐지듯
사각의 틀 안에 담긴 찰나
그 장엄함에 가슴이 뛰고
형언할 수 없는 벅찬 감동이
폐부 깊숙이서 솟구친다.

버킷리스트 첫 손에 꼽아도
이룰 수 없는 바람이라
상상만으로 마음을 달래지만
영혼이 육신을 떠나는 날 하늘이 허락 한다면
폭포수 맑은 물에 머리를 식히고
홀가분한 마음으로 소명을 받들고 싶네.

구절초 피는 숲길을 걸으며

왠지 모를 허전함을 달래려
가을이 물드는 숲길을
소슬바람 따라 거닐면
어느 결에 와 속삭이는
갈잎의 애잔한 이별노래
계절은 가도 추억은 남으리.

맑은 구철초 꽃향기를 가슴에 담아
돌아서는 여인의 뒷모습이
실루엣으로 어른거리는데
스쳐가는 연이라도 의미를 두고 싶은 마음
그대가 남긴 발자취
시절은 가도 님의 향기는 사랑으로 남으리.

희망의 빛

힘들게 비탈진 능선을 올라
산등성이에 서면
지나온 길마다 쌓인 발자취
또 다른 세상을 향해 우뚝 선 쾌감에
가슴 뿌듯 차오르는 희열
더 큰 바람이 희망의 빛으로 다가온다.

산다는 것은 열정을 불사르는 것이니
목적이 있는 삶은 시들지 않으리
한 번도 가보지 못한 길이라도
도전 끝에 이뤄내는 성취의 결과는
새로운 기쁨이 반겨 마중할 터
꺾이지 않는 용기가 새 지평을 열리라.

사랑과 열정

젊은 날 화톳불처럼 타올랐던
정열적인 사랑이 그리워도
서로의 삶을 짊어지고
함께한 연륜만큼
균형을 잃고 한쪽 어깨가 내려앉아도
늘어난 눈가의 주름살만큼
서로에게 깊게 물든 사랑

꽃다운 청춘은 가고
하루가 여삼추 같은 세월도 가는데
님 향한 열정
맑은 샘물인양 샘솟기를 바라지만
인생여정 동행의 길
낡고 헤진 돛에 바람을 실어 어디로 갈지
어디쯤서 닻을 내려야할지 사유가 깊어진다.

어느 가을날 소고(小考)

티 없이 맑은 하늘을 바람이 시샘하는 날
찬 이슬에 정갈히 몸 씻고
두 손 모은 기원
갈망을 불살라 꽃으로 피는가
마음을 비운 갈잎은 지는데
못 다한 사랑 꽃피울 날은 짧구나.

가을밤 별빛은 초롱초롱하고
단풍나무 가지사이로 쏟아지는
성근 달빛이 너울너울 춤을 추는데
잠 못 드는 밤 그대는 무엇을 기다리나
이루고 이루지 못한 것 모두가 한 시절 바람이려니
작별의 길도 담대히 떠나시구려.

대한의 이름으로(4)

천년세월도 한결 같은 청송처럼
무구한 흐름 속에
대대로 이어져온 한민족의 정기
동녘으로 솟구치는
눈부신 광명을 가슴에 안고
내일을 향한 힘찬 발걸음
세계를 향해 거침없이 나아가리.

너와 내가 손잡고
끈기와 도전정신으로
한마음으로 열어갈 번영의 길
대대손손 물려줄 아침의 나라
아름다운 금수강산
우리가 지키고 도약으로 이끌어
대한의 이름 세계만방에 떨쳐나가세.

만추(晚秋)(6)

빨갛게 얼굴 붉힐
심란한 일이라도 있는 겐가
떠날 때 떠날지라도
뜨거운 가슴을 열고
황홀한 만찬은 즐겨야하지 않겠나
너는 가도 꽃불처럼 타오른 사랑 잊지 않으마.

망각의 잔속에
지나간 시간들을 침전시켜
단풍처럼 물들고 단풍처럼 추억되는
아름다운 이별 후에도
계절이 다시오면 만산홍엽처럼 쌓인 그리움
다시금 가을을 노래하리.

세파의 파고를 넘어

거리를 배회하는 갈잎
엄습하는 서슬 퍼런 찬 기운에
'독감'이라도 걸린 양
으스스 몸을 움츠리는 것이
세파에 아등바등하는 민초의 '결'과 닮았는데
무정한 세월은 뒤도 안돌아보네.

살다보면 살아지는 삶
'오류'를 범해도 넘어져도
꿋꿋이 의로운 길을 가면
부끄러울 일도 두려워할 것도 없으리
운명의 수레도 용기 있는 자를 비켜 갈 터
마음을 어찌 다스릴지 사유가 '깊어진다'.

* 제시어 시(詩) : "독감", "결", "오류', "깊어진다".

우화정의 가을

만산홍엽에 눈이 호강하는 늦가을
이별을 준비하는 현란한 단풍의 유희에
가고 오는 시절과 어울려
팔각정 정자에 정좌를 하고
갈바람이 전해주는 연서를 받아들면
취기가 없어도 금세 얼굴 붉어진다.

산이 불타고 숲이 불타는 만추지절
우화정을 삼킨 물아래 또 다른 순수의 세상
오욕에 물들지 않고
시샘도 다툼도 탐욕도 없으니
무아의 심경으로 바라보는
시객(詩客)의 마음까지 맑아지네.

석불의 기도

꺾일 줄 모르는
담쟁이 넝쿨의 기세도
시린 냉기 앞에 고개를 숙이고
작별의 연회를 열어
한 마음으로 내일을 기약하는데
가고 오는 윤회의 삶
만남과 떠남은 순리였어라.

영육의 평온을 찾는 중생의 바람을 모아
석불이 구하는 자비의 기도
베풀고 나누면 복을 누리고
영겁(永劫)의 흐름 앞에서는
만경창파에 일엽편주 같은 생
욕심을 내려놓으면
미음의 평화를 얻을 것이라 하네.

가을과의 이별은(2)

눈물을 보이지 않으려
머리 풀어 산발한 모습으로
붉디 붉은 드레스 치렁치렁 걸치고
돌아서는 공작단풍의 뒷모습이 애잔한데

사랑에 웃고 이별에 울고
애틋한 사연들이 가슴에 사무쳐도
지난날의 그리움이 가득해도
가야 할 길 미련 없이 가야지

손 흔들며 보내줘야지
화톳불처럼 타올랐던 격정의 시간들은
다시 만날 내일을 위해
고결한 추억으로 간직하마.

가을과의 이별은(3)

돌아서는 가을의 끝자락에서
간밤에 내린 무서리를 머리에 이고서도
가녀린 꽃잎마다 은은한 미소
무심한 세월 아랑곳 않고
다시 못 올 길 떠나기 전에
세상을 향한 사랑 아낌없이 쏟아냅니다.

부름 받은 소명 깨우치는 듯
어울려 부르는 석별의 노래
슬픔은 가슴속에 묻어두고요
다시 만날 먼 훗날
국화꽃 만개한 꽃길을 함께 걸어요
사랑은 아픔도 치유하는 거랍니다.

가을을 보내며(3)

너는 가고 나는 남았는데
우리는 언제 다시 만나나
낙엽 쌓인 거리에 부는
서슬 퍼런 찬바람에
너를 향한 갈망 움츠러들어도
붉게 물들었던 사랑 잊지 않으마.

산다는 것은 보내고 마중하고
기다림 속에 꿈을 키워나가는 것이니
다시 만날 그날을 위해
사랑의 불씨 곱게 간직하여
허전한 마음 갈 곳을 잃어도
세월의 뒤안길에서 아름다운 시절을 추억하리.

그리움의 꽃은 피고 지고

유년의 일기장 속에는
수많은 바람이 꿈을 꾼다
석이에게 홀짝에서 지고
애지중지하던 옥구슬을 전부 넘겨준 날
심통한 마음이 꾹꾹 눌러져 담겨있고
철부지 시절 저만의 성을 쌓고 쌓았는데

마당 넓은 집 외동딸 귀복이가
별일도 아닌 일에 날 보고 웃어주던
가슴 뛰던 기쁨
스쳐간 다시 오지 않는 바람이지만
꿈 많던 소년의 아련한 추억 세월은 가도
마음속 꽃밭에는 그리움의 꽃이 피고 진다.

* 심통(深痛) : 몹시 아파함.

희망의 세계를

동해 일출이 펼치는 장엄한 장관
맑고 청량한 미풍이
옥구슬이 구르듯 스쳐가고
은빛 모래 한 알 한 알이 숨을 쉰다
파도는 미끄러지듯 자취를 남기며
내일을 향한 원대한 꿈을 가지라 한다.

축복의 하루를 여는 찬연한 빛살
사랑이 가득한 선한 세상
희망이 넘실대는 새날을
뜻깊은 시간들로 채우라 하고
바다 건너 이상향의 세계를
우리가 함께 어울려 가꿔가라 하네.

가을속의 그리움

간절한 바람은 기다림 끝에 오고
흐름은 그 무엇도 거역할 수 없는데
메밀꽃 하얀 물결로 일렁이는
소슬바람 불어오는 가을들판에서
흐드러지게 핀 꽃물결 속에
스쳐간 인연들 흐릿한 얼굴이 어려도

계절은 가도 그리운 것은 그리운 대로
추억으로 남아 여울지는 걸
미움조차도 물빛하늘을 스치는
한줄기 맑은 바람이 되고
인간사 연(緣)과 명(命)
더불어 사는 삶 평안을 기원합니다.

함께할 때 더 빛나는

아침이면 햇살이 깨끔발로 뛰놀고
밤에는 별빛들이 두런두런 사랑을 속삭이는
성주 성 밖 숲 맥문동 꽃무리
무더위에 지친 마음
갈증을 풀어주듯
격정의 여름 한 철 교태를 자랑한다.

마음 선한 사람들
옹기종기 모여 살 듯
큰 나무 아래 상생의 이웃으로
찰랑거리는 보랏빛 꽃물결
정을 나누고 베풀며
이심전심 한마음으로 생을 노래하네.

길은 멀어도

어디로 가는 겐가
끝을 알 수 없는 여정
곤한 몸 짊어진 등짐 내려놓고 싶어도
긴 한숨이 앞을 막아서도
가야할 길이 남았어라
소명을 다하기 전까지는 온전히 감당해야 하느니

지나온 길마다 쌓인 인생역정
지은 죄를 벌하시는 거라면
하늘이시여
이별의 길을 배웅하는
나무수국 하얀 웃음 가슴에 품고
진정(眞正)히 두 눈 감고 받들겠나이다.

탄생과 이별의 종은 우는데

생명의 신성함이 함께 숨 쉬는
탄생과 이별 그 시작과 끝
무한한 가능성이 열려있는
세상에 와 첫울음 터트릴 때
생령의 여신 출발의 종을 울렸을라나
그 종소리 축복의 환호이지요.

거스를 수 없는 운명 앞에서
이별의 슬픔을 감내하고
잘 살았노라 담담히 떠나는 그날
끝맺음을 알리는 마지막 종소리
그 울림 겸허히 받아들여
내 영혼도 성결한 꽃이 필 수 있을까.

땡초 다대기

얼마나 성깔이 매서우면 땡초라 부를까요
얼마나 성이 났으면
식겁하고도 온몸이 화끈거릴까요
"입술도 심장도 뻘개진다"는
셰프님 단언이 가슴에 와 확 박힙니다
워매 어째요 온통 입안이 얼얼해지네요.

땡초와 버섯 양파의 깨 쏟아지는 합방에
신명나게 튀기고 졸이고 들기름 처발라
도자기 찬그릇에 담아내니
얼라 수줍음 많은 새색시 같구려
그래도 그 불같은 성정 어디 가나요
겁 없이 덤비는 누구라도 오늘 밤 잠 못 들 줄 아소.

길은 멀어도(2)

산을 넘고 강을 건너
바다 건너 아득히 먼 곳이라도
해 저물고 몸은 곤해도
목적지에 다다르기까지 가야할 길이기에
눈 감으면 평안히 쉼을 얻을 곳
길 따라 물 따라 흘러갑니다.

황혼을 향해 가는 인생여정
못다한 한풀이할 게 무어 있겠소
긴 터널을 벗어나면
눈 안으로 파고드는 빛살처럼
하루를 살아도 가슴 뿌듯한 기쁨을 누리고
섭리를 쫓아 바람처럼 구름처럼 머물다 가지오.

시절단상(3)

산비탈 평원에 줄지어 늘어선 가을배추가
풋풋한 자태를 맘껏 자랑하는데
바람의 언덕을 넘어서면
출렁이는 동해의 푸른 물결
하얀 포말을 일으키며
드높은 기상 가슴에 품고
희망찬 새날을 마중하라 한다.

바람을 한껏 들이킨
키 큰 산지기 숨 가쁘게 양팔을 휘두르고
청명한 하늘에 양떼를 풀어놓은
싙푸른 언덕 밭고랑마다
투박한 촌로의 손길이 머문 시간들
고된 허리 한 번 펴면
계절은 지만치 앞서 가있네.

구도(求道)의 길

오르고 또 올라도
갈 수 없는 곳
해탈의 경지에 이르면
눈 감고도 천상세계가
훤히 내다보일까
영혼의 고요를 깨치고 싶네.

득도의 길은 아무나 다다를 수 없는 길
덕을 쌓고 쌓아도
부족함이 많은 생
욕심을 비운 맑은 마음이
욕망의 굴레를 벗어나
속박에서의 자유로움을 얻을 수 있을지라.

96 기다림 끝에는 더 찬란한 빛이

겨울

기다림 끝에는 더 찬란한 빛이(2)

비바람 눈보라를 견뎌낸 세월만큼
아픈 만큼 성숙해지는
더 나은 내일을 위한 발돋움
속으로 속으로 차오르는
새로움이 탄생하는 정진의 시간은
기대에 부응하는 응집의 결과로 이어진다.

사춘기 자식을 바라보듯 보살핌 속에
쓰린 맛도 떫은맛도 삼켜
정성을 모아 열정을 담아
입안에서 감도는 황홀한 장맛으로
숙성되어 가는 과정처럼 삶도 그러하리
기다림의 시간이 중후한 인생을 완성해 간다.

물수리의 비상

세찬 바람에도 험한 눈보라에도
높이 더 높이 날아올라 예리한 눈빛
세상 움직임 하나 놓치지 않는답니다
마음이 겸허한 이들
정이 담긴 온유한 기도
갈망의 목소리 귀기울여 듣는답니다.

물수리라고 먹이사냥만 하는 건 아니지요
후미진 곳 안쓰러운 마음들
눈물을 닦아주지 못해도
도전하는 역동적인 삶이
내일의 광명을 마주할 수 있음을
비상의 나래를 펼쳐 희망을 전한답니다.

사랑이 빛이 되어(2)

심중을 울리던
현란한 단풍의 유희가 끝나고
연회가 끝난 뒷마당
남겨진 잔상들이 갈 곳을 몰라하는데
계절은 가도 여정은
어디서 막을 내려야할지 알 수 없지만
인생동행 당신과 함께여서 외롭지가 않네.

낙엽 쌓인 거리를 둘이서 걷는 길
흘러간 세월만큼 깊어진 정분에
말없이도 마음이 전해지고
아스라한 기억들이 발끝에 밟히며
사랑의 동행에 묵은 정 고운 정
연륜 따라 중후함이 물들어가니
당신은 내 삶에 생기를 불어넣는 빛이랍니다.

어머니의 사랑(2)

두 손 모은 기원
정화수 한 그릇에도 염원을 담아
가족의 안위를 빌던 정성으로
율란 하나 하나에도 마음을 담는다
눈으로 향으로 열성이 빚어낸 음식 한 점도
어머니의 사랑이 담기면 예술작품이 된다.

바라만 봐도 차르르 윤기가 도는
약식과 율란의 맛깔스런 어울림
감칠맛이 입안에서 살살 녹는데
어머니의 손끝에서 묻어나는 은은한 향기
당신의 사랑은 세상을 포근하게 하는
무한한 전능을 지니셨습니다.

어머니의 장맛

마음을 다스릴 줄 알면
세상도 겸허히 바라볼 수 있을 터
내면의 성숙을 위한 기다림의 시간
비바람이 전신을 휘감아도
진눈개비가 몰아쳐도
오직 일념은 하나 마음을 담아내는 일

분노는 억누르고
욕심에 치우치는 감정은 가라앉혀
세월에 순화되어
순수의 향기가 발현되면
기다림 끝에 완성되는 결정체
어머니의 사랑이 깃든 장맛이 탄생한다.

#4행시

군고구마

　　　- 고향생각
군)고구마 한 입 베어 물면 어릴 적 시절
고)향의 향취가 입 안 가득 서리고
구)수한 인정이 배어 있고 사랑이 넘치는
마)음속 고향은 세월이 가도 변함이 없네.

어부지리

　　　　-인생
어)느 길로 가던 인생길 종착지는 하나
부)지런히 가도 쉬었다 가도
지)름길을 찾아 한 발 먼저 가도
리)턴 할 수 없는 생 참되게 살지라.

할머니와 단감말랭이

낡은 초가집 툇마루에 걸터앉아
상념에 젖어 석양을 바라보는
할머니 두 눈에 세파의 명암이 어른거리는데
마른 침을 삼키며
우물거리는 할머니의 입안에는
달면 삼키고 쓰면 뱉는
세상사가 다 녹아있으려나.

떫은 생감에서 식감을 돋우는
화려한 변신을 한 단감말랭이
누구의 손길을 기다리는지
세상에 부름 받은 소명을 다하려
존재의 섭리 앞에 겸허히
적적함을 달래는
할머니의 단짝친구가 된다.

길 떠나도(3)

우리가 가는 길 산을 넘고 물을 건너
안개 속을 헤매기도 하고
고지를 넘어서려 악전고투를 해도
모두가 삶의 한 과정
힘들어도 고난의 시간도
지나고 나면 아련한 추억인데

누군가는 먼저 떠나고
벗은 가고 나는 남았으니
다하지 못한 소명이 있는 겐가
미운 정 고운 정 훌훌 털고
여정의 끝 환한 빛살 가슴에 안아들며
길 떠날 수 있다면 바랄 것이 없겠네.

희망의 빛으로

한 치 앞을 내다볼 수 없는
칠흑 같은 어둠 속에서도
생명은 꿈틀대고
태산이 앞을 가로막아도
구원의 손길은 어디에도 있으니
희망을 지닌 한 길은 열린다.

실낱같은 바람이라도
넘지 못할 것 같은 장벽을 넘어서고
쉼 없는 수련과 정진은
닫혀있는 세상의 문도 허물지라
그대여 광야를 향해 나아가라
꿋꿋한 기개와 불굴의 의지가 뜻을 이루리.

그리움은 시공을 넘어(3)

신작로를 순이와 함께 내달리고
초롱초롱한 별들이 꼬리를 물던 내 고향
먼 하늘 끝까지 날아올라
그리움을 찾아 나서도
도회가 된 수성 들판
친구는 가고 휑한 바람만 썰렁이네.

언제쯤이면 돌아갈까
어머님의 품속 같은 곳
까치밥으로 남겨둔 홍시 하나
얼어붙은 몸뚱이 외롭기가 내 마음 같으려나
옛 기억 속 초가지붕 위로 피어오르는
굴뚝의 흰 연기가 가물가물한다.

새 길을 여는 마음(3)

뱃전을 부딪는 바닷바람이
먼 이국 땅 고향을 등진 이들의
삶의 애환을 전해주어도
이상의 유토피아를 찾아
대양을 넘어 새 길을 여는 마음
날마다 만선의 꿈을 꾼다.

우리가 가는 길
누군가는 첫발을 내딛는 도전
역경과 고난의 숲을 헤쳐가야 하고
두려움에 밤잠을 설치기도 하지만
너와 나의 사랑이 한마음이 되면
가시밭길도 새 지평을 열리라.

고향의 향기(2)

정지문도 없는 부엌
아궁이에 꺾어 넣은 솔가지에
발갛게 타오르는 불꽃
마른 잔솔가지 잿불에 고구마가 익어가는
바람결에 전해지는 황톳빛 정취
떠나 온지 반백년이 되어도 유년의 추억은
아직도 그 시절에 머물러있네.

텅 빈 겨울 들녘에
요란스레 잔치를 열던 떼까마귀도
나처럼 고향을 등졌을까
길은 멀어도 마음은 한걸음에 내달려
앞산에서 솔가지 한 짐 짊어지고
어둑한 신작로로 돌아오는
이마에 땀 맺힌 엄니를 마중 나간다.

기다림 끝에는 더 찬란한 빛이(3)

미동 없이 잠자는 듯 숨죽인 듯
모든 것을 내려놓은 겨울나무도
살을 에는 혹한을 견뎌내며
새순 내밀 봄날을 기다리는데
세상살이 힘들고 고달파도
내일의 햇살은 더 밝게 빛납니다.

새벽을 여는 마음
길이 아닌 길도 개척을 하고
가슴속 소망 꽃 피우기 위해
인고의 시간 감내한 만큼
눈물을 삼킨 밤들이
찬연한 빛살로 새날을 마중하지요.

웅비의 기상을 품고

동해의 푸른 물결
대양을 향해 내달리고
발걸음도 가볍게
더 나은 내일을 향해가는
백의민족 드높은 기상
삼천리 방방곡곡 지축을 흔드네.

겨레여 함께 나아가자
세계로 우주로 더 넓은 세상으로
웅비(雄飛)의 날개를 펼쳐
도도한 시대의 흐름을 주도하는
우리가 만들어가는 세상
대대손손 번영하는 대한민국을 열어갈지라.

속 깊은 사랑

사랑도 연륜 따라 늙어 가지요
인생의 쓴맛 단맛 다 녹아들며
희로애락을 함께한 세월만큼
알콩달콩 사연들이 쌓여
늙은 사랑도 잿불처럼 은은히 빛을 발하고
달짝지근한 호박죽처럼 속 편하답니다.

젊은 날의 튀는 불꽃같은 사랑은 아니라서
무덤덤히 감정은 식어가지만
감성까지 메마른 건 아니지요
지긋이 바라보는 눈빛 속에는 그윽함이 있고
생의 변곡점을 지나 진중함이 담겨있어
늙은 사랑도 단호박죽 마냥 깊은 여운이 남는답니다.

기원(4)

모두가 바라는 한결같은 기원
천상세계로 인도하는
구원의 빛인가
눈부신 환영(幻影)도 믿음 안에 있으니
갈 수없는 나라도 마음속에 길이 열린다.

내세의 안식을 구하는
만인의 희구
시기하지 않는 선한 나눔은
일상의 삶도 평화로울 지라
사랑이 세상을 풍요롭게 하리.

청송의 기개

세속에 물들지 않은 맑은 마음
길도 없는 암벽을 올라
산정 석암에 뿌리를 내렸으니
아침 이슬로 목축이고
바람에 실려 오는 안개비에 몸 씻고
하세월 발아래 세상을 굽어보네.

세상사 누구를 탓하리오
부름 받은 대로
주어진 사명 다하면 그뿐
손 내밀면 물빛하늘이 한가득
푸르디 푸른 정기 가슴에 품고
세월도 시샘하는 한결같은 기개를 휘날리네.

#4행시

동지팥죽

      -민족정신
동)해의 푸른 물결 겨레의 앞날을 축원하고
지)축을 뒤흔드는 드높은 한민족의 기상
팥)죽을 나눠먹는 인정 많은 풍습도
죽)순처럼 자라나는 민족정신일지라.

무아지경

      -마음(1)
무)슨 말을 할까 고심해서 건네는
아)름다운 말 한마디 천량 빚을 갚듯
지)극히 상대를 존중하는 마음
경)애하는 마음으로 되돌아온다.

-마음(2)

무)심코 뱉은 말 한마디가
아)픈 화살이 되어 가슴에 박히면
지)나고 보면 별일 아닐 일도
경)악해 놀란 마음 한이 맺힌다.

갈매기의 꿈

철썩이는 파도소리가 귓전을 때려도
내 길은 바다와의 동행
해풍이 아무리 거세어도
생명의 불꽃 다할 때까지
넘실대는 푸른 물결 교향악 따라
고동치는 심장 박동 더 크게 울린다.

열정을 실어 창공을 날아올라
알콩달콩 사랑 꽃피울 수 있는
눈부신 빛살 쏟아지는 기암절벽에
곤한 몸 편히 쉴 수 있는 곳
'알바트로스'의 낙원
'갈라파고스'까지 가는 거야
꿈을 향해 전진할 때 희망은 더 밝게 빛나리.

순수의 길

청정무구한 옥설(玉雪)이 세상을 뒤덮어
미움도 증오도 묻히고
바람도 쉬어가는 설국
세파에 찌든 육신
순백의 축제 주인공이 되면
영혼도 맑아지는
동토의 나라에도 내일의 희망은 별처럼 빛나네.

아무도 가지 않은 새로운 길
미지의 영역으로 첫발을 내딛으면
누군가는 그 뒤를 따르리
겨울왕국 눈밭에 서서 마음의 소리 귀 기울여봐
죽은 듯 미동 없는 초목
새봄 새날을 기다리는
섭리를 따르는 생명의 소리 들을 수 있으리.

눈꽃 속에 피는 희망과 사랑

찌푸린 잿빛하늘이 갈망을 달래듯
소복소복 쏟아내는 맑은 눈물
후미진 곳에도 비탈진 곳에도
차별 없는 사랑의 손길이 머무르고
나목의 빈가지마다 피는 고결한 눈꽃
만인의 가슴에도 훈훈한 정이 솟는다.

순백의 순수에 물드는
너와 나의 사랑
내일에 대한 여망이
희망의 날개를 펼쳐
고뇌의 시간 열정을 담아내면
어울려 사는 세상 새 길이 펼쳐지리.

기다림 끝에는 더 찬란한 빛이(4)

산다는 것은 역경을 넘어서며
엄지손가락을 치켜세우는
고난과 기쁨의 동행이다
앞이 보이지 않은 여정이라도
기죽지 않고 당당히
오늘보다 더 나은 내일을 마중하며
한 걸음 두 걸음 전진하는 것이다.

인고의 세월 견뎌낸 만큼
잠들지 못하는 번뇌의 시간
한 뜸 한 뜸 진정으로 채우고 나면
설한(雪寒)에 피는 눈꽃처럼
긴 터널 끝
눈앞에 펼쳐지는 빛살처럼
새날의 광명은 더 찬연히 빛나리.

사진 : Seong Ha Park작가님.

날개

일 밖에 모르는 일개미에게도
날개가 솟는다면
여왕개미로 분신(分身)할 수 있을까
피죽 한 그릇에 연연해하는
범민(凡民)의 굽은 등짝에도
독수리처럼 비상할 수 있는
날개가 돋을 수 있을까.

돌아서면 몰라보게 발전하는
문명의 이기 속에도
원초적 욕망 날고 싶은 갈망
심중에 품은 희망의 나래가
너와 나를 가로막는 장벽을 넘어
만인의 가슴에 지고선의 사랑으로 자리하면
날개 없이도 하늘을 날아오를 수 있으리.

* 지고선(至高善) : 인간행위의 최고의 목적과
  이상이 되며 행위의 근본 기준이 되는 선.

순백의 사랑

눈을 감아도 어른거리는
찬연한 눈꽃의 미소
너의 티 없이 맑은 마음
만인의 가슴에 생기를 불어넣고
오욕에 물든 세상 선(善)히 인도하려
온천지를 하얗게 휘덮는구나.

정결한 순백의 사랑
메마른 나목 핏기 없는 육신위에
솜이불을 펼치듯 내려앉아
설야(雪夜)에 피는 무수한 꽃이 되고
북풍한설에 움츠린 마음
새 길을 여는 열정이 싹트게 하네.

기도하는 마음

두 손 모은 간절한 바람
눈보라가 앞을 막아서도
구도의 길 멈출 수가 없는데
누군가를 먼저 보내고
탑돌이로 영면을 빌던 마음
순백의 축원 속에 이제는 평안을 찾았을까.

풍경소리도 침묵하는
정적 속에 묻힌 불사(佛舍)
석불의 자비로운 미소 앞에
심란한 마음 겸허해지고
세상의 평화를 기원하는 중생의 염원
눈길 속에서 어디로 가야할지 길을 묻는다.

사랑의 길(7)

소복소복 쌓이는 순백의 숨결
거침없이 쏟아지는 눈길을
둘이서 다정히 걷노라면
세상은 침묵 속에 묻혀도
말없이도 전해지는 그대의 마음
한마음 한뜻으로 넘지 못할 산이 없고
거친 세파도 두렵지 않으리.

둘이서 하나 되고 셋이 되는 삶의 여정
마주보고 웃는 웃음 한 번에
쏟아지는 행복 한 소쿠리
눈보라 속에서도 사랑은 희망을 싹틔우고
우리가 채워가는 인생의 퍼즐
믿음 속에 꽃피는
사랑의 힘으로 이루지 못할 것이 없어라.

피안(彼岸)의 길

어디서 와서 어디로 가는지
바람 부는 대로 물결치는 대로
흐르다보면 끝닿는데 어디일지
힘겨운 숨결 마지막 한숨까지 불사르고
영혼이 육신을 떠나는 날
길 잃은 혼령 맞이해줄
천상의 문은 열릴까.

사랑과 미움이 교차하는 생의 여정
죄의 사함을 구할 수 있게
지나온 길 질곡의 시간까지
미련 없이 안녕을 고할 수 있도록
이슬처럼 맑은 선한 마음으로
매순간 허락 받은 삶
겸허히 사랑하고 싶네.

오늘 하루

저무는 하루해는
황혼의 고즈넉함을 남기고 간다
인생을 뒤돌아보면
지나온 길마다 쌓인 발자취
만남과 떠남의 흐름 속에
사연 많은 애환 추억이 깃들어있는데

하루가 가고 달이 가고 해가 바뀌고
순간이 영속으로 이어지는 윤회의 삶
어디서 무엇을 하던
다시 오지 않을 오늘이기에
마음속의 열망 꽃으로 피워내는
사랑과 열정 가득한 삶이고 싶어라.

희망과 열정(2)

아무리 어둠이 깊어도 아침은 밝는다
솟아오르는 붉은 기운에
열정은 꿈틀대고
의기를 잃어가던
풀죽어 고개 숙인 여린 마음도
새아침은 희망으로 가슴 부푼다.

새날의 광명은 너와 나의 심중에
이루고자 하는 갈망의 불씨
화톳불처럼 타오르게
소중히 간직하라한다
더 이상 타오를 수 없어
스스로 산화되어 재가 되는 그날까지.

생명의 빛으로(2)

만물의 생성 근원
태초에 흙에서 시작된
생멸(生滅)의 섭리에 따라
빛이 있으매 존재의 의미가 부여되고
농심(農心)에 뿌리내린 존귀한 생명
소명을 다하면 다시 흙으로 돌아간다.

새 생명을 잉태한
경건한 어머니의 마음으로
한 알 한 알 정성을 담고
손길이 머무른 곳에 축복이 있으니
스며든 땀방울에 사랑이 싹튼다
땀 흘린 만큼 기쁨은 배가되리.

* 에필로그 詩

사랑의 길(10)

눈을 감아도
마음을 읽을 수가 있어요
당신과 나 서로를 닮아가는
생은 희로애락의 파노라마
함께한 반백년의 세월 앞에
무릎 꿇은 노쇠한 육신 힘이 부쳐도

마주잡은 손 온기가 식어가도
사랑의 길 가야할 여정이 남았지요
운명의 신께서 불러 세워도
아직은 때가 아닌 걸요
끝나지 않은 우리의 사랑 잿불처럼 사위어가도
사랑의 은총 가슴 가득 안아들고 떠나고 싶어요.

* '살며 사랑하며' 사랑이 삶의 근원입니다.

*끝맺는 말

산다는 것은 날마다 새로운 날을 만나는 것이다
시인의 길도 매일 매일 새 길을 열어가는 것이라
때론 적막하고 외로운 길일지라도
시를 사랑하는 마음 삶을 사랑하는 일이다.

필자의 마음을 담은 시 120여 편을 모아 한 권의 책으로 엮어내면서 흘러간 시간들을 다시 돌아본다.
시 한 편 한 편이 독자의 가슴에 가 닿았는지
감흥 없이 스쳐간 무의미한 언어의 나열이었는지
알 수는 없지만 한 분이라도 시인의 진정을
알아준다면 그것으로 시를 쓴 보람이 있으리.

시인의 길 부명 시인의 길은 고독한 여정이라도
생명의 빛이 꺼질 때까지 나는 또 시를 쓸 것이다.

'기다림 끝에 더 찬란한 빛이' 독자들의 가슴에
빛으로 여운으로 남기를 바라면서
이후로도 심금을 울리는 감성시로
다시 만나 뵐 수 있기를 약속드리며 작별인사를 대신한다.

2025. 6. 15.
전수남.

기다림 끝에는 더 찬란한 빛이(3집)

초판 발행 2025년 6월 30일
지은이 전수남
펴낸이 김복환
펴낸곳 도서출판 지식나무
등록번호 제301-2014-078호
주소 서울시 중구 수표로12길 24
전화 02-2264-2305(010-6732-6006)
팩스 02-2267-2833
이메일 booksesang@hanmail.net

ISBN 979-11-87170-95-2
값 10,000원

이 책의 저작권은 저자에게 있습니다.
저자와 출판사의 허락 없이 내용의 일부를 인용하거나 발췌하는 것을 금합니다.